BEI GRIN MACHT SICH I
WISSEN BEZAHLT

- Wir veröffentlichen Ihre Hausarbeit,
  Bachelor- und Masterarbeit

- Ihr eigenes eBook und Buch -
  weltweit in allen wichtigen Shops

- Verdienen Sie an jedem Verkauf

Jetzt bei www.GRIN.com hochladen
und kostenlos publizieren

Bibliografische Information der Deutschen Nationalbibliothek:

Die Deutsche Bibliothek verzeichnet diese Publikation in der Deutschen National-
bibliografie; detaillierte bibliografische Daten sind im Internet über http://dnb.d-
nb.de/ abrufbar.

Impressum:

Copyright © 2016 GRIN Verlag, Open Publishing GmbH
Druck und Bindung: Books on Demand GmbH, Norderstedt Germany
ISBN: 9783668582057

Paula Schmitz

Entwicklung der Geschäftsmodelle von Amazon und Zalando. Erfolgsfaktoren und Marketingstrategien

GRIN Verlag

GRIN - Your knowledge has value

Der GRIN Verlag publiziert seit 1998 wissenschaftliche Arbeiten von Studenten, Hochschullehrern und anderen Akademikern als eBook und gedrucktes Buch. Die Verlagswebsite www.grin.com ist die ideale Plattform zur Veröffentlichung von Hausarbeiten, Abschlussarbeiten, wissenschaftlichen Aufsätzen, Dissertationen und Fachbüchern.

Besuchen Sie uns im Internet:

http://www.grin.com/

http://www.facebook.com/grincom

http://www.twitter.com/grin_com

Analyse ausgewählter onlinebasierter Geschäftsmodelle und Marketingstrategien

Seminararbeit im Rahmen der Veranstaltung „Standort- und Objektentwicklung im Einzelhandel" im WS 2015/16

vorgelegt an der

Professur für Handelsbetriebslehre

von

Paula Schmitz

Studienfach Betriebswirtschaftslehre

Göttingen, den 21.03.2016

Inhaltsverzeichnis

Abkürzungsverzeichnis

B2C	=	Business-To-Consumer
Bevh e.V.	=	Bundesverband E-Commerce und Versandhandel Deutschland
DACH	=	Deutschland, Österreich und Schweiz
HDE	=	Handelsverband Deutschland
IKT	=	Informations- und Kommunikationstechnologien

1. Problemstellung

Der Onlinehandel boomt. Die innovative Technologie Internet bietet die Grundlage für diesen neuen Vertriebs- und Distributionskanal. Die steigende Affinität sowie die Vertrautheit zu dieser neuen Einkaufsstätte ist ein Treiber für das seither ungebremste Wachstum dieses Marktes.

Der Einzelhandel in Deutschland befindet sich in einem Umbruch- und Transformationsprozess (vgl. Pochtler 2013, S. 77). Im Business-To-Consumer-Bereich (B2C) beläuft sich der Marktanteil des Online Handels am gesamten Einzelhandel 2015 bereits auf 11,7% (vgl. Bevh 2015). Die starke Verbreitung und Nutzung ist in den Umsatzzahlen des e-Commerce sichtbar. Das Marktvolumen entwickelte sich von 2006, mit 15,7 Mrd. Euro auf 41,7 Milliarden Euro im Jahr 2015 (vgl. HDE 2016). Für die nächsten Jahre prognostiziert die DPDHL Group (2014) auch weiterhin starkes Wachstum für den Online-Handel. Der Marktanteil soll sich bis 2025 auf 40% erhöhen. Als umsatzstärkste e-Commerce Produkte gelten die zentrentypischen Shoppingprodukte wie Bekleidung, Textilien, Schuhe, Bücher und Elektronik (vgl. Kreimer et al. 2012, S. 20). Eine kontinuierliche Fortsetzung des Substitutionseffekts zwischen stationärem Handel und Onlinehandel ist anzunehmen. Dieser sorgt für eine abnehmende Nachfrage nach Gütern im Einzelhandel und einen Zuwachs im Onlinehandel (vgl. eWebResearch Center 2013). Nach Angaben des Handelsverbands Deutschland wächst das Internet zehnmal stärker als der klassische Handel (vgl. HDE 2015). Für die stationären Unternehmen ist ein Strategiewandel nötig, um von den Absatzmöglichkeiten des Onlinehandels zu profitieren und ein weiter wachsendes Kundensegment zu nutzen. Hier besteht jedoch weiterhin Aufholbedarf. Wie Untersuchungen des eWeb-Research-Centers belegen, haben Online-Shops der stationären Einzelhändler einen Marktanteil am gesamten Online Handel von unter 10%. Die sogenannten Pure Player, Unternehmen, welche ausschließlich Produkte über den Onlinehandel vertreiben, dagegen beanspruchen ein Drittel für sich (vgl. eWebResearch Center 2013). In der Studie von Statista und EHI „E-Commerce-Markt Deutschland 2014" (2016) zeigt sich, dass insgesamt nur zehn Unternehmen dieses Drittel des Marktes einnehmen. Angeführt wird das Ranking von Amazon.de, Otto und Zalando (vgl. Kreimer et al. 2012, S. 20).

Die Gründe für diesen bisher ungebrochenen Anstieg von Umsätzen im Online Handel sind vielfältig. Der technologische Wandel des Informationszeitalters sorgt dafür, dass Informationen, wie z.B. Preise oder Produkte für die Kunden schneller, einfacher und auch kostengünstiger zu beschaffen sind (vgl. Soh et al 2006, S. 707). Die Möglichkeiten,

1

sich die gewünschten Informationen zu beschaffen oder einen Kauf zu tätigen, haben sich vereinfacht und vermehrt. Es besteht die Möglichkeit rund um die Uhr von einem heimischen PC oder von einem mobilen Endgerät aus auf das Internet und seine vielfältigen Angebote zuzugreifen. Ein Mehrwert gegenüber dem stationären Handel ist zudem die beinahe unbegrenzte Sortimentsbreite und –tiefe (vgl. Kreimer et al 2012, S. 20).

Die Dynamik der Internetnutzung zieht viele Folgen nach sich. Da die Anforderungen der Kunden und die Möglichkeiten mit ihnen zu kommunizieren und ihnen zu begegnen an Vielfältigkeit gewonnen haben, sind neuartige Betriebsformen, Geschäftsmodelle sowie Marketingstrategien möglich. Wodurch die Online-Händler das Potential besitzen sich von der Konkurrenz, online wie offline, differenzieren zu können. Welche onlinebasierten Geschäftsmodelle und Marketingstrategien es gibt und was für Erfolgsfaktoren und Wettbewerbsvorteile diese zur Geltung bringen, gilt es jedoch zu analysieren und stellt die Zielsetzung der vorliegenden Arbeit dar. Folgende Forschungsfragen lassen sich hieraus ableiten:

- Was ist unter dem Begriff Geschäftsmodell zu verstehen und was ist charakteristisch für e-Commerce Geschäftsmodelle?
- Wie sind die Geschäftsmodelle von führenden Online-Händlern aufgebaut und welche Kennzahlen und Erfolgsfaktoren sind für diese ausschlaggebend?
- Welche Wettbewerbsvorteile bringen die vorgestellten Online Geschäftsmodelle gegenüber ihren Konkurrenten, online wie offline, zur Geltung?

Zunächst wird in Kapitel zwei der Begriff Geschäftsmodell erläutert sowie der Unterschied von Offline- und Onlinemodellen. In dem Zusammenhang wird kurz der Begriff des e-Commerce definiert. In den nachfolgenden Kapiteln drei und vier wird jeweils zunächst die Entwicklung der Geschäftsmodelle von Amazon und Zalando aufgezeigt, um diese anschließend auf konkrete Erfolgsfaktoren sowie wichtige Strategieelemente hin zu analysieren. Anschließend werden im fünften Kapitel die beiden vorgestellten Geschäftsmodelle miteinander verglichen und die Wettbewerbsvorteile bzw. Nachteile von online zu offline zusammengefasst. Die Arbeit schließt mit einem Fazit in Kapitel sechs ab, welches die vorherigen Erkenntnisse zusammenfasst und einen möglichen Ausblick für Forschung und Praxis enthält.

2. Grundlagen onlinebasierter Geschäftsmodelle

Das folgende Kapitel soll dazu dienen die begrifflichen Grundlagen, wie den Begriff „Geschäftsmodell", sowie „e-Commerce" zu definieren und onlinebasierte Geschäftsmodelle herauszuarbeiten.

2.1. Der Begriff „Geschäftsmodell"

Geschäftsmodelle werden verwendet um aussagekräftig und prägnant das Wesentliche eines Unternehmens zu beschreiben (vgl. Schwickert 2014, S. 1). Ein weiterer Nutzen liegt unter anderem in der Übersichtsdarstellung bereits existierender geschäftlicher Aktivitäten und bieten einen Anhaltspunkt zur Verbesserung und Innovation der Inhalte (vgl. Scheer et al. 2003, S. 7). Im Gegensatz zu der Verwendung von Geschäftsmodellen besteht in der Literatur kein Konsens über den Begriff Geschäftsmodell und seiner Bestandteile. Eine mögliche Sichtweise darauf liefert Dr. Afuah von der Michigan University indem dieser den Term Geschäftsmodell als ein Gerüst zum Geldverdienen beschreibt und den gezielten Einsatz von Geschäftsaktivitäten als Werkzeug für die Erlösgewinnung als auch für das Zufriedenstellen von Kunden definiert (vgl. Afuah 2003, S. 2). In dieser weiten Definition stehen die Generierung von Gewinnen und die Kundenzufriedenheit im Vordergrund. Strähler hingegen beschreibt das Geschäftsmodell als ein Geschäftskonzept, dass in der Praxis schon angewandt wird und unterteilt das Geschäftskonzept in die folgenden drei wesentlichen Bestandteile:

1. Eine Beschreibung welchen Nutzen das Unternehmen stiftet.
2. Eine Beschreibung wie die Leistung, d.h. der Nutzen für den Kunden, erstellt wird und in welcher Konfiguration dieser generiert wird.
3. Eine Beschreibung wodurch das Unternehmen Geld verdient (vgl. Strähler 2002, S. 41f.).

Er ergänzt die obige Definition um den Nutzen, welches ein Unternehmen stiftet und um die Konfiguration wie dieser generiert wird. Hier wird zudem die Wechselwirkung mit anderen Komponenten bedacht. Nachfolgend wird diese Definition für den Begriff Geschäftsmodell verwendet.

Ein Geschäftsmodell unterscheidet sich jedoch von einer Strategie. Das Geschäftsmodell kann als Analyseeinheit fungieren um eine Strategie zu entwickeln oder der Output einer bewusst gewählten Strategie sein (vgl. Strähler 2002 S.49).

3

2.2. E-Commerce Geschäftsmodelle

Da das Electronic Business veränderte Markt- und Wettbewerbsbedingungen aufweist, müssen Unternehmen, die in den elektronischen Einzelhandel einsteigen wollen, Innovationsleistung erbringen und durch erfolgsversprechende Geschäftsmodelle überzeugen (vgl. Wirtz/Becker 2002, S. 85). Die ausschlaggebende Entwicklung für den elektronischen Handel und die Veränderung der Geschäftstätigkeit ist die der Informations- und Kommunikationstechnologien (IKT). E-Commerce ist im weiteren Sinne zu verstehen als Einzelhandel, der über das Web betrieben wird oder als die Aktivitäten der Unternehmen deren einzige Präsenz im Internet ist (sogenannte Pure-Internet-Player) (vgl. Zwass 2003, S. 7). Eine engere Definition des Begriffes e-Commerce lautet dem OECD zufolge: Güter und Dienstleistungen über das Internet zu verkaufen, welche offline oder online geliefert werden können (vgl. OECD 2000, S. 194). Nach Hermanns und Sauter existieren drei Gruppen von Akteuren, die im e-Commerce auftreten und miteinander agieren können: Öffentliche Institutionen (Administration), Unternehmen (Business) und Konsumenten (Consumer). Daher ergeben sich neun verschiedene Markt- und Transaktionsbereiche (vgl. Hermanns/Sauter 2001, S. 25) In dieser Arbeit wird hauptsächlich die Verbindung von Unternehmen zu Konsumenten (B2C) thematisiert.

Das Online-Geschäftsmodell ist die Methode nach der die e-Commerce Unternehmen ihren langfristigen Erfolg planen, während sie das Medium Internet nutzen (vgl. Afuah/Tucci 2003, S. 7). Um die Geschäftsmodelle der Online-Händler besser einordnen zu können, ist es notwendig eine Kategorisierung vorzunehmen. Die Literatur bietet eine Vielzahl von Kategorien und Klassifikationskriterien. In dieser Arbeit werden hauptsächlich die Geschäftsmodelle Retail und Commission thematisiert. Das Retail Geschäftsmodell basiert auf dem Verkauf von physischen Produkten über das Internet (Schlie et al. 2011). Um in dieser Kategorie erfolgreich zu sein ist es notwendig, viel Zeit und Geld in Internet Marketing, Website Design, Technologien, Logistik und Retouren zu investieren (vgl. Schlie et al 2011, S. 49). Bei dem Commission-basierten Geschäftsmodell handelt es sich um eine Art Online-Plattform, wobei der Intermediär einen Käufer und Verkäufer vermittelt. Der Umsatz wird typischerweise über einen prozentualen Anteil einer abgeschlossenen Transaktion generiert (vgl. Schlie et al. 2011, S. 63f.).

4

3. Fallbeispiel Amazon

Um die Erfolgsfaktoren eines Geschäftsmodells ausfindig zu machen wird in dem folgenden Kapitel dargestellt, wie das Geschäftsmodell des führenden Online-Händlers Amazon aufgebaut ist und welche Strategien für dessen Erfolg ausschlaggebend sind. In diesem Zusammenhang wird zunächst das Geschäftsmodell herausgearbeitet und daraufhin auf seine Erfolgsfaktoren, anhand seiner Kennzahlen hin analysiert.

3.1. Das Geschäftsmodell von Amazon

Als Beispiel für ein aktuelles und sehr erfolgreiches virtuelles Geschäftsmodell wird das universelle Online-Kaufhaus Amazon betrachtet. Amazon.com wurde von Jeff Bezos im Jahr 1995 als reiner Internet Buchhandel gegründet. Drei Jahre später, 1998, startete die deutsche Website amazon.de (vgl. Amazon-Operations 2014). Inzwischen hat sich das Unternehmen von dem einfachen Retail Geschäftsmodell zu einem hybriden Modell entwickelt. Der Nutzen den Amazon seinen Kunden generiert besteht heutzutage aus einem großen Sortiment mit Produkten aus allen Sparten, welche nach eigenen Angaben mit dem tiefst möglichen Preis und Versand angeboten werden (vgl. Amazon Annual Report 2014a, S.3). Zusätzlich werden Produkte von Drittanbietern auf der Amazon Website angeboten und verkauft. Der Verkauf von Produkten des sogenannten Marketplace macht bereits 40% aller Transaktionen aus (vgl. Amazon Annual Report 2014). Hiermit hat sich Amazon zu einer e-Commerce-Plattform und zum Commission Geschäftsmodell entwickelt bei dem die Händler von dem bereits vorhandenen Traffic und Kundenstamm profitieren. Darüber hinaus produziert und verkauft Amazon eigene elektronische Geräte wie Kindle e-reader, Fire Tablets, Fire TVs und Fire Phones (vgl. Amazon Annual Report 2014a, S. 18). Ein weiterer Nutzen ist neben der Auswahl und den niedrigen Preisen, der Kundenservice. Hier offeriert Amazon eine verbraucherfreundliche Website mit personalisiertem Einkaufserlebnis, Bestellung mit einem Klick, schnelle und verlässliche Verkaufsabwicklung mit Versand und Rückversand sowie permanente Kundenbetreuung (vgl. Amazon Annual Report 2014a, S. 3). Amazon benutzte als erstes Unternehmen eine Analyse-Technologie, welche das Käuferverhalten analysiert und dem Kunden weitere passende Produkte zum Kauf vorschlägt (vgl. Mellahi/ Johnson 2000, S. 448). Community-Features wie Listmania und Wunschzettel helfen dem Kunden bei der Informationsbeschaffung vor dem Kauf (vgl. Amazon 2015). Der weitere wichtige Aspekt ist die Logistik. Amazon verfügt allein in Deutschland über neun identisch konzipierte Logistikzentren mit eigenen standardisierten Prozessen und IT-Systemen für eine kosteneffiziente und fehlerfreie Abwicklung (vgl. Amazon 2016). Um die Infrastruktur der Handelsplatt-form zu vervollständigen, bietet Amazon seinen Partnern und Kunden weitere Service-leistungen, wie Amazon Web Services, Marketing und Werbedienstleistungen, Amazon Prime und Amazon-Kreditkarten (vgl. Amazon Annual Report 2014a, S. 18). Jede dieser Abteilungen von Amazon befindet sich in einer unterschiedlichen Reifephase und ist ver-schieden profitabel.

3.2. Analyse wichtiger Erfolgsfaktoren anhand ausgewählter Kennzahlen

Der Schlüssel zum Erfolg von Amazon, der mittlerweile in rund 11,9 Mrd. Dollar in Deutschland und 88,9 Mrd. Dollar Umsatz insgesamt, zum Ausdruck kommt, liegt in sei-nem Geschäftsmodell und der durch Reinvestitionen finanzierten Innovationsfähigkeit (vgl. Amazon Annual Report 2014a, S. 40). Bevor Amazon 1998 von seiner Spezialisie-rung auf Bücher abwich und durch andere Spartenprodukte sein Sortiment erweiterte, konnte das Unternehmen dem damals größten stationären Konkurrenten Barnes & Noble gegenüber schon signifikante Wettbewerbsvorteile aufweisen.

	Amazon	Barnes & Noble
Anzahl der Geschäfte	1 Webseite	1011
Bücher pro Geschäft	3,1 Millionen	175.000
Verkaufswachstum	306%	10%
Lagerumschlagshäufig-keit	24	3
Cash Flow	Hoch	Niedrig

Tabelle 1, Quelle: Eigene Darstellung in Anlehnung an Business Week 1998

Aufgrund der geringen Transaktionskosten, die mit der Internetökonomie typischerweise einhergehen, war es Amazon als pure Internet Player möglich, deutliche Preissenkungen vorzunehmen (vgl. Dewenter et al. 2015, S. 13). Wie aus der Tabelle ersichtlich, konnten sie ihren Kunden, im Gegensatz zu ihren stationären Konkurrenten, das beinahe zwan-zigfache an Büchern offerieren. Dadurch generierten das Unternehmen ein hohes Ver-kaufswachstum, hohe Lagerumschlagshäufigkeit und hohen Cashflow. Bis 2001 hatte Amazon acht neue Produktkategorien eingeführt. Danach verlangsamte sich die Wachs-tumsrate in einem Jahr von 33% auf 7% (vgl. Afuah/ Tucci 2003, S. 224). Jeff Bezos strebte mit der Diversifikationsstrategie an erneutes Wachstum zu erwirtschaften, indem

das Geschäftsmodell von einem einfachen Online-Händler zu einem virtuellen Marktplatz gewandelt wurde. Amazon fungiert nun zusätzlich zum Online-Händler als Intermediär und berechnet eine monatliche Gebühr und eine Kommission für jede Transaktion. Der Nutzen für Amazon aus der Einführung des neuen Commission Geschäftsmodells im Jahr 2002 bestand besonders aus der großen Sortimentsausweitung und einem
beständigen Cash Flow ohne die Kosten die mit Warenhausgütern verbunden sind (vgl.
Amazon 2015a; Afuah/Tucci 2003, S. 228). Das breitere Angebot zog die Kunden an und
löste Einkäufe in immer mehr Bereichen aus. Dies wird besonders durch den steigenden
Umsatz von 3,1 Mrd. Dollar in 2001 zu 5,3 Mrd. Dollar in 2003 und einer Wachstumsrate
von 34% in 2003 ersichtlich (vgl. Amazon Annual Report 2003, S. 28). Im Rahmen dessen, trugen die Ersparnisse durch Skaleneffekte dazu bei, dass Preise und Versandkosten
reduziert werden konnten (vgl. Amazon Annual Report 2014). Seither fokussiert sich
Amazon auf die Generierung von kontinuierlichem Wachstum und der Verbesserung in
allen Bereichen des Kundenservices. Zu diesen Verbesserungen zählen Preissenkungen,
schnellere und verlässlichere Lieferung, ein größeres Sortiment, mehr Produktinformati-
onen und Serviceangebote sowie die Gewinnung des Vertrauens der Kunden (vgl. Amazon Annual Report 2014a, S. 18). Anstatt den Wachstum des operativen Cashflows zu
nutzen, um profitable Gewinne einzufahren hat Amazon 2009 begonnen seine Investiti-
onsausgaben zu erhöhen und beinahe jeden eingenommenen Dollar zu reinvestieren (vgl.
Evans   2014)

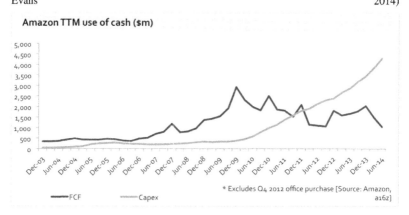

Abbildung 1, Quelle: Evans 2014

In der Abbildung „Amazon TTM use of cash" wird dies bildlich dargestellt. Die Investi-
tionsausgaben (Capex) beginnen ab Dezember 2009 zu steigen während der freie Cash
Flow relativ beständig bleibt.

Um die genannten Ziele zu erreichen, fließen heute 12,1% der Einnahmen in das „Fulfillment" dies umfasst den Aufbau neuer Warenhäuser um die Lieferzeiten und Logistikkosten zu verringern und um Kapazität für die Produkte des immer weiter wachsenden Sortiments zu bieten (vgl. Amazon Annual Report 2014a, S. 28).

Ein weiterer großer Kostenfaktor sind mit 10,4% des Umsatzes die Ausgaben für „Technologie und Inhalte" – dazu gehört die Entwicklung neuer Produkte, die Verbesserung der technologischen Infrastruktur und besonders in den letzten Quartalen die Investitionen in Amazon Web Services (vgl. Amazon Annual Report 2014a, S. 28f.). Amazon gestaltet die Netto-Einnahmen und Investitionen so, dass sich der Gewinn möglichst um die Nulllinie bewegt. Im Moment erwirtschaftet Amazon dadurch immer höhere Umsätze. Es muss sich die Frage gestellt werden, wie lange diese Strategie, hohe Investitionen zu tätigen, ohne wirklichen Profit einzufahren, um Wachstum für die Zukunft zu generieren, fortgeführt werden kann.

4. Fallbeispiel Zalando

In dem folgenden Kapitel soll dargestellt werden, wie das Geschäftsmodell des Online-Händlers Zalando aufgebaut ist und welche Kennzahlen und Strategien für dessen Erfolg ausschlaggebend sind. Dafür wird zunächst das Geschäftsmodell herausgearbeitet und daraufhin auf seine Erfolgsfaktoren und Kennzahlen hin analysiert.

4.1. Das Geschäftsmodell von Zalando

Zalando (2015) selbst liefert mit seinem Online-Geschäftsbericht eine ausführliche Beschreibung ihres Retail Geschäftsmodells und ihrer Konzernstrategie. Die 2008 in Berlin gegründete Zalando SE ist in Europa der führende Online-Großhändler für Mode. Der Nutzen, den das Unternehmen seinen Kunden stiftet, besteht aus einem großen Sortiment an Bekleidung, Schuhen und Accessoires für Damen und Herren. Zalando bietet zusätzlich kostenlosen Versand sowie Rückversand mit bis zu 100 Tage Rückgaberecht, eine kostenlose Service-Hotline, inspirierende Mode Trends und personalisierte Empfehlungen. Ergänzt wird das Angebot durch die Zalando-Lounge, die für registrierte Mitglieder täglich Verkaufskampagnen diverser Marken mit hohem Preisnachlass anbietet (vgl. Zalando 2015b). Im Mai 2015 führte Zalando den Dienst Zalon ein. Hier wird den Kunden unentgeltlich ein zusammengestelltes Shopping-Angebot mit Stilberatung offeriert (vgl. Zalando 2015a; Zalando 2015b). Diese Leistungen werden den Kunden durch länderspezifische Internetseiten und mobile Applikationen zur Verfügung gestellt. Die selbst entwickelte IT-Infrastruktur erlaubt es den Kunden, Markenpartnern und Intermediären über alle Kanäle einen Mehrwert zu generieren (vgl. Zalando 2015b). Um den Kunden eine effiziente Versorgung zu ermöglichen, besteht das Logistiknetzwerk von Zalando derzeit aus drei Logistikzentren in Deutschland (vgl. Zalando 2015). Den Markenpartnern wird vor allem die umfassende Marketingreichweite mit signifikanten Besucherzahlen von 138 Mio. Besuchen im Monat geboten (vgl. Zalando 2015b).

4.2. Analyse wichtiger Erfolgsfaktoren anhand ausgewählter Kennzahlen

Der stetige Ausbau von Marktanteilen, seit dem Markteintritt, wird bei der Betrachtung der Umsatzentwicklung von den Jahren 2010 bis 2015 deutlich. Bereits zwei Jahre nach der Gründung kann das e-Commerce Unternehmen einen Nettoumsatz von 150 Mio. Euro vorweisen (vgl. Zalando 2013). Zalando konnte im Jahr 2012 erstmals den Break-Even Point in der Kernregion DACH (Deutschland, Österreich und Schweiz) erreichen (vgl. Zalando 2015a). Seither stieg der Umsatz stetig auf 3 Mrd. Euro im Jahr 2015. Dies entspricht derzeit einem Marktanteil von weniger als 1% des gesamten Absatzmarktes. (vgl. Zalando 2015b).

Die Umsatzentwicklung, des am schnellsten wachsenden Unternehmen Europas, resultiert besonders in den ersten Jahren aus der Erschließung neuer und internationaler Märkte (vgl. Zalando 2013). Das Umsatzwachstum geht allerdings mit hohen Verlusten in den ersten Jahren einher, welche als Teil der Strategie und für einen zunehmenden Kundenstamm in Kauf genommen werden (vgl. Zalando 2013). Die Investitionen in den Aufbau des Unternehmens haben jedoch keine Aussagekraft in Bezug auf die Profitabilität des Geschäftsmodells. In einer Pressemitteilung bezeichnet Zalando (2015d) das Ergebnis von 2014 mit einem EBIT von 82 Mio. Euro als Indikator für den Erfolg des Geschäftsmodells. Aktuell liegt das EBIT bei 89,6 Mio. Euro (vgl. Zalando 2015c). Diese Entwicklung ist laut Zalando im Wesentlichen auf Marketing- und Umsatzkostenverbesserungen zurückzuführen (vgl. Zalando 2015d). Bei Marketingkosten handelte es sich bei Zalando hauptsächlich um die Durchführungen von Maßnahmen wie der Fernsehwerbung. Diese Ausgaben wurden in den Jahren 2011 bis 2014 um 13,5% gesenkt (vgl. Zalando 2015e, S. 10).

Die Bereiche des Fulfillments (Prozesse, Retouren, Zahlungsabwicklung) sollten von Zalando noch weiter optimiert werden, um nachhaltig die steigenden Kosten zu senken (vgl. Zalando 2015c). Um mehr Skaleneffekte nutzen zu können und Margenvorteile gegenüber anderen Händlern zu generieren, ist es für diverse Marken essentiell in Europa der größte Absatzkanal zu werden und die Etablierung weiterer Eigenmarken voran zu treiben (vgl. Weiguny 2014).

Ähnlich wie Amazon plant Zalando sein Geschäftsmodell zu verändern und sich zu einem Plattform-Modell weiterzuentwickeln, bei dem das Eigentum und Warenbestandsrisiko auf Seiten der Händler bleibt (vgl. Zalando 2015). Positive Effekte, die sich Zalando aus der Durchführung erhofft, sind zum Einen die Ausweitung der Produktpalette und somit höhere Warenkörbe und zum Anderen die Erreichung eines Marktanteils von mehr als 5% (vgl. Zalando 2015b). Es ist fraglich, ob es nicht zu teuer für das Unternehmen ist, den erhöhten Traffic zu handhaben. Nach Marcus Diekmann (2012, S. 108) ist eine Online-Filiale erst bereit für eine Eröffnung von neuen Kanälen oder Marktplätzen wenn B2C-Prozesse aufgebaut und entsprechend optimiert worden sind.

5. Wettbewerbsvorteile von Online-Händlern

Dieses Kapitel dient der Analyse von Wettbewerbsvorteilen. Zunächst werden die Wettbewerbsvorteile zwischen den vorgestellten Unternehmen herausgearbeitet und anschließend werden e-Commerce Unternehmen den stationären gegenübergestellt.

5.1. Vergleich der vorgestellten Unternehmen

Nachfolgend werden die Wettbewerbsvorteile von Amazon und Zalando untereinander herausgearbeitet.

Die beiden Unternehmen betreiben dieselben Geschäftsmodelle: Retail und zukünftig auch Commissions. Ein Vergleich anhand von Umsatz und weiteren Kennzahlen ist aufgrund des Zeitvorsprungs und der weltweiten Ausrichtung von Amazon nicht sinnvoll.

Signifikante Unterschiede und somit auch Wettbewerbsvorteile von Amazon gegenüber Zalando sind das umfangreichere Angebot in mehr als eine Spate, die Expansion in margenträchtigere Bereiche wie Medien und Webservices und die IT-Infrastruktur. Eine Gemeinsamkeit ist der minimale Gewinn respektive Verlust pro Periode. Jedoch ist seitens Amazon eine Gewinnmaximierung durch eingeschränkte Investitionen möglich.

Amazon hat acht Jahre nach seinem Markteintritt eine Diversifikationsstrategie vorgenommen und sein Modell zu einer Plattform weiterentwickelt. Zalando vollzieht diese aktuell. Ähnlich wie Zalando verbuchte Amazon damals im voran gegangenen Geschäftsjahr die ersten schwarzen Zahlen (vgl. CNN Money 2002). Allerdings ist zu beachten, dass Amazon im Gegensatz zu Zalando First Mover im Bereich des e-Commerce war, woraus sich weitere Wettbewerbsvorteile ergeben. Amazon konnte ein schnelleres Wachstum vollziehen, da es die Zukunft des e-Commerce durch innovative Wege den Kunden online zu bedienen, formen konnte, sodass es für Konkurrenten zunächst nötig war, den Vorsprung aufzuholen (vgl. Mellahi/Johnson 2000, S. 450). Zalando konnte andererseits das Know-How Amazons nutzen und das Geschäftsmodell sowie deren Strategien imitieren.

Fraglich ist, ob Zalando langfristig genauso viel Potential hat wie Amazon. Durch die ersten Gewinne und Ausweitungen in weitere Bereiche, wie dem Marktplatz ist das Unternehmen jedoch auf einem profitablen Weg.

5.2. Gegenüberstellung zu stationären Konkurrenten

In diesem Kapitel werden die Unterschiede von e-Commerce und seinen stationären Konkurrenten analysiert.

Wie bereits in der Problemstellung erläutert, sind die Gründe für den Substitutionseffekt von stationären Geschäften hin zu virtuellen vielfältig. Ein Aspekt für den Kostenvorteil von Internet Händlern sind die niedrigen Kosten für das Angebot von sehr detaillierten Inhalten. Gleichzeitig sparen die Kunden Zeit und Anstrengung bei einem Einkauf vom heimischen Wohnzimmer aus. Insbesondere bei einem internationalen Kauf mit differierenden Zeitzonen ist das Internet vom Vorteil. Größere Suchkapazitäten und geringere Kosten für personalisierte Kaufangebote machen ebenfalls einen essentiellen Unterschied zum stationären Handel aus. Amazon bietet seinen Kunden Kaufvorschläge die auf sein charakteristisches Kaufverhalten zugeschnitten sind. Dieses Prinzip ist kostengünstiger als eine persönliche Kaufberatung und steht allen Kunden gleichzeitig zur Verfügung (vgl. Borenstein/Saloner 2001, S. 5).

Charakteristisch für die Internetökonomie sind die äußerst geringen Transaktionskosten und die hohe Markttransparenz. Die Produkt- und Preissuche gestaltet sich in Sekundenschnelle und ist zumeist unentgeltlich (vgl. Dewnter et al. 2015, S. 14). Der e-Commerce Markt ist dynamisch, sodass Unternehmen ständig neuen Herausforderungen und Wandel gegenüberstehen. Dementsprechend müssen sie sich kontinuierlich neu anpassen und weiterentwickeln. (vgl. Heinemann 2015, S. 34; Mellahi/Johnson 2000, S. 445)

Ein weiterer Unterschied im Kostenfaktor stellt der stationäre Standort mitsamt der Miete, Energiekosten und Personal dar. Vergleichbar in der Kostenhöhe haben Online-Händler wie Zalando Retourquoten von 50% (vgl. Zalando 2014).

6. Fazit und Ausblick

Abschließend werden die Antworten der in der Problemstellung aufgeworfenen Forschungsfragen kurz und zusammengefasst. Unter einem Geschäftsmodell wird eine Beschreibung eines Unternehmens verstanden, aus der ersichtlich wird, wie und mit welchem Nutzen, Geld verdient wird. Da im e-Commerce Bereich Güter und Dienstleistungen unter veränderten Markt- und Wettbewerbsbedingungen über das Medium Internet verkauft werden, müssen Online-Händler innovative Geschäftsmodelle wie Retail oder Commissions verwenden.

Die Geschäftsmodelle von den führenden Online-Händlern Amazon und Zalando sind relativ identisch aufgebaut. Der Nutzen für die Kunden wird über ein breites Sortiment und hervorragenden Kundenservice mit Versand und Beratungsangeboten generiert. Die Erfolgsfaktoren, welche für die Geschäftsmodelle ausschlaggebend sind, stellen die ständige Innovationsfähigkeit sowie die Optimierung von B2C-Prozessen zur Kostensenkung dar.

Die Wettbewerbsvorteile, welche die Online-Geschäftsmodelle gegenüber ihren Konkurrenten zur Geltung bringen, sind die Sortimentsbreite und -tiefe und die Expansionsmöglichkeiten in weitere profitable Märkte. Im Vergleich zu ihren stationären Wettbewerbern hat das Medium Internet den Zeitfaktor, geringe Suchkosten und Chancen auf Effizienzgewinne zum Vorteil.

E-Commerce ist zum Einen geprägt von Veränderungen im Verbraucherverhalten und zum Anderen von sich ständig weiterentwickelnden digitalen Technologien. Das hat ausblickend zur Konsequenz, dass Unternehmen, stationär wie online, ihre Angebote stetig anpassen müssen den Anforderungen Stand zu halten. Stationäre Unternehmen werden zukünftig nicht um eine Ausweitung auf mehrere Kanäle herum kommen.

Literaturverzeichnis

Afuah, A. (2003): Innovation Management: Strategies Implementation and Profits, Oxford, S. 2.

Afuah, A./ Tucci, C. L. (2003): Internet Business Models and Strategies: Text and Cases, Boston, 2. Aufl., S. 224,228.

Amazon (2015): Über Amazon, unter: http://amazon-presse.de/Top-Navi/Unternehmen/-ber-Amazon.html, Zugriff am: 10.03.2016.

Amazon (2015a): History & Timeline, unter: http://phx.corporate-ir.net/phoenix.zhtml?c=251199&p=irol-corporateTimeline, Zugriff am: 05.03.2016.

Amazon (2016): Das Amazon-Logistiknetzwerk in Deutschland und Europa, unter: http://www.amazon.de/gp/help/customer/display.html?ie=UTF8&nodeId=200801000, Zugriff am: 10.03.2016.

Amazon Annual Report (2003): Amazon 2003 Annual Report, S. 28.

Amazon Annual Report (2014): To our shareholders.

Amazon Annual Report (2014a): Amazon 2014 Annual Report, S. 3, 18, 28, 28f. , 40.

Amazon-Operations (2014): Unsere Wachstumsgeschichte, unter: http://amazon-operations.de/warum-amazon/unsere-wachstumsgeschichte, Zugriff am: 10.03.2016.

Baatz, E. B. (1996): Will Your Business Model Float? In: WebMaster Magazine, (10), unter: http://www.cio.com/archive/webbusiness/100196_float.html, Zugriff am 29.02.2016.

Bevh (2015): Interaktiver Handel in Deutschland B2C, unter: http://www.bevh.org/markt-statistik/zahlen-fakten/, Zugriff am: 20.02.2016.

Borenstein, S./Saloner, G. (2001): Economics and Electronic Commerce, in: The Journal of Economic Perspectives, Vol. 15, No. 1, S. 5.

Business Week (1998): unter: www.businessweek.com/1998/50/b3608006.htm, Zugriff am: 10.03.2016.

CNN Money (2002): Amazon posts a profit, unter: http://money.cnn.com/2002/01/22/technology/amazon/, Zugriff am 10.03.2016.

Dewenter, R./Gayk, A./Hossenfelder, S./Krancke, J./Rösch, J./Vidal, Miguel (2015): Wettbewerbsprobleme im Internet, Berlin, S. 13, 14.

Diekmann, M. (2012), eCommerce lohnt sich nicht, unter: https://www.ecommercelohnt-sichnicht.de/out/ecommerce/img/eCommerce-lohnt-sich-nicht.pdf, Zugriff am 10.03.2016, S. 108.

DPDHL (2014): Global E-Tailing 2025 - E-Commerce und Logistik weltweit auf Wachstumskurs, unter: http://www.dpdhl.com/de/presse/pressemitteilungen/2014/global_e-tailing_2025.html, Zugriff am 20.02.2016.

Evans, B. (2014): Why Amazon has no profits and why it works, unter: http://ben-evans.com/benedictevans/2014/9/4/why-amazon-has-no-profits-and-why-it-works, Zugriff am: 15.03.2016.

eWeb Research Center (2013): Online-Handel gräbt stationärem Einzelhandel das Wasser ab – bereits 15 Prozent Anteil in 2013 erwartet, unter: http://www.hs-niederrhein.de/forschung/eweb-research-center/aktuelles/#mce_temp_url, Zugriff am: 18.02.2016.

Hermanns, A./Sauter M. (2001): Management-Handbuch Electronic Commerce, 2. Aufl., S. 25.

HDE (2015): Handelsverband hebt Prognose an, unter: http://www.einzelhandel.de/index.php/presse/aktuellemeldungen/item/125825-handelsverband-hebt-prognose-an, Zugriff am: 19.02.2016.

HDE (2016): E-Commerce Umsätze, unter: http://www.einzelhandel.de/index.php/presse/zahlenfaktengrafiken/item/110185-e-commerce-umsaetze, Zugriff am: 20.02.2016.

Kreimer, T./Gerling, M./Verbeet, T./Horbert, C./Pampel, J/Spaan, J./Kempckem T,/Lohmann, M./Dellbrügge, G. (2012): Trends im Handel 2020, Hrg. KPMG AG/EHI Retail Institute, S. 20.

Mei-Pochtler, A./Hepp M. (2013): Die neue Welt des Handels, in: Riekhof, H-C. (2013), S.77.

Mellahi, K./Johnson M. (2000): Does it pay to be a first mover in e.commerce? The case of Amazon.com, in: Management Decision, Vol. 37, No. 7, S. 445-452.

OECD (2000): E-Commerce: Impact and Policy Challenges, Paris, S. 194, unter: http://www.oecd.org/eco/outlook/2087433.pdf, Zugriff am: 27.02.2016.

Scheer C./Deelmann T./Loos P. (2003): Geschäftsmodelle und internetbasierte Geschäftsmodelle – Begriffsbestimmung und Teilnehmermodell, S. 7, unter: http://wi.bwl.uni-mainz.de/publikationen/isym012.pdf, Zugriff am: 29.02.2016.

Schlie, E./Rheinboldt, J./Waesche, N. M. (2011) unter: http://www.simplyseven.net/ Zugriff am: 01.03.2016.

Schlie, E./Rheinboldt, J./Waesche, N. M. (2011): Simply Seven - Seven Ways to Create a Sustainable Internet, Chippenham/Eastbourne, S. 49, 63f..

Schwickert, A. C. (2014): Geschäftsmodelle im Electronic Business – Bestandsaufnahme und Relativierung, S. 1, unter: http://geb.uni-giessen.de/geb/volltexte/2004/1548/pdf/Apap_WI_JLUGiessen_2004_02.pdf, Zugriff am: 29.02.2016.

Soh, C./Markus, M. L./Goh, K. H. (2006): Electronic Marketplaces and Price Transparency: Strategy, Information Technology and Success, in: MIS Quarterly, Vol. 30, No. 3, S. 707.

Statistia (2016): Umsatz der 100 größten Online-Shops in Deutschland in den Jahren 2013 und 2014 (in Millionen Euro), unter: http://de.statista.com/statistik/daten/studie/170530/umfrage/umsatz-der-groessten-online-shops-in-deutschland/, Zugriff am: 20.02.2016.

Stähler, P. (2002): Geschäftsmodelle in der digitalen Ökonomie, Köln, S. 41-42, 49.

Wirtz B./Becker D.R. (2002): Geschäftsmodellansätze und Geschäftsmodellvarianten im Electronic Business, in: WiSt – Wirtschaftswissenschaftliches Studium, S 85-90, Heft 2, S. 85.

Weiguny, B. (2014): Das Zalando-Prinzip, in: FAZ, unter: http://www.faz.net/aktuell/wirtschaft/unternehmen/das-zalando-prinzip-wie-will-der-konzern-auf-dauer-geld-verdienen-13102029.html, Zugriff am: 02.03.2016.

Zalando (2013): Geschäftszahlen 2012, unter: https://corporate.zalando.de/de/pressemitteilungen?tid=All&date_filter[min][date]=&date_filter[max][date]=&keys=nettoumsatz&page=1, Zugriff am: 03.03.2016.

Zalando (2014): Zalando steigert 2013 Nettoumsatz um 600 Millionen Eur, unter: https://corporate.zalando.de/de/pressemitteilungen?tid=All&date_filter[min][date]=&date_filter[max][date]=&keys=retourenquote, Zugriff am: 03.03.2016.

Zalando (2015): Grundlagen des Konzerns, unter: http://geschaeftsbericht.zalando.de/2015/assets/downloads/konzernlagebericht/zalando_grundlagen_des_konzerns.pdf, Zugriff am: 01.03.2016.

Zalando (2015a): Unternehmenskultur, unter: https://corporate.zalando.de/de/unternehmenskultur-p#fc-573, Zugriff am: 01.03.2016.

Zalando (2015b): Konzernstrategie, unter: http://geschaeftsbericht.zalando.de/2015/#de/report/unternehmen/strategie, Zugriff am: 01.03.2016.

Zalando (2015c): Konzern-Gesamtergebnisrechnung, unter: http://geschaeftsbericht.zalando.de/2015/#de/report/konzernabschluss/gesamtergebnisrechnung, Zugriff am: 01.03.2016.

Zalando (2015d): Zalando erzielt Jahresgewinn nach starkem vierten Quartal, unter: https://corporate.zalando.de/de/pressemitteilungen?tid=All&date_filter[min][date]=&date_filter[max][date]=&keys=gewinn, Zugriff am 02.03.2016.

Zalando (2015e): 2014 Recap & Business Outlook, S. 10.

Zwass, V. (2003): Electronic Commerce and Organizational Innovation: Aspects and Opportunities, in: International Journal of Electronic Commerce, Vol. 7, No. 3, S. 7.